SALMO 23

Cuaderno para Colorear

Cada versículo con su explicación

Si este libro te gustó, por favor ayúdanos recomendando este libro entre tus amigos.

 Si deseas más de nuestros productos visítanos en www.es.iCharacter.org

 Ve nuestros libros en iBookstore, Kobo, Amazon, Kindle, Google y B&N.
(Buscar iCharacter)

iCHARACTER

www.es.icharacter.org
Creado por Agnes de Bezenac
Ilustrado por Agnes de Bezenac
Versión de la Biblia utilizada: Adaptación de RVA
Traducción: Quiti Vera
Copyright 2011. Todos los derechos reservados.

*El Señor es mi pastor;
nada me faltará.*

El Señor me cuida con mucho amor y me da todo lo que necesito.

En lugares de verdes pastos me hará descansar.

Me concede un lindo lugar para descansar.

A manantiales de agua fresca me conducirá.

Me da paz.

Renovará mis fuerzas.

Me da fuerzas y ánimo.

Me guiará por caminos rectos, haciendo honor a su nombre.

Me ayuda a hacer el bien, para que otros vean lo bueno que es el Señor.

*Aunque pase por el
más oscuro de los valles,*

Aun cuando las cosas se vean negras y me dé miedo...

*...no temeré, porque
tú estarás conmigo.*

...no temeré, porque
Dios está conmigo.

*Tu vara de pastor
me reconforta.*

Dios me protege
y me da ánimo.

Me has preparado un banquete ante los ojos de mis enemigos.

Me bendices delante de los que me molestan y me miran mal.

*Has vertido perfume en mi cabeza,
y has llenado mi copa a rebosar.*

Dios me favorece con su amor.
Me colma de cosas buenas.

La bondad y el amor me seguirán todos los días de mi vida,

Gozaré siempre de
Su bondad y Su amor.

*y en la casa del Señor
viviré para siempre.*

Y viviré para siempre a
Su lado, aquí y en el cielo.

Encuentra el par de las ovejas

Sigue los puntos para terminar la imagen

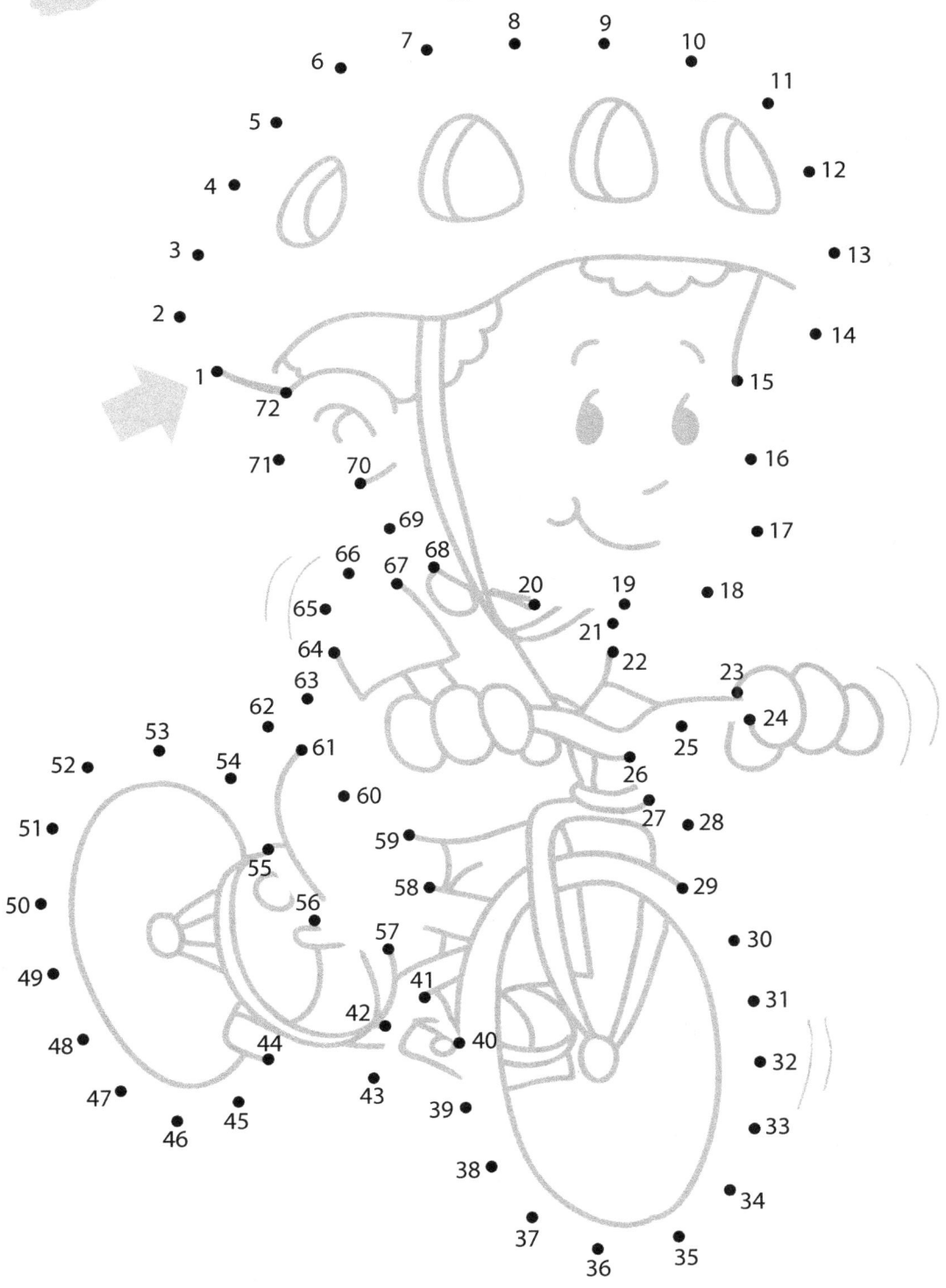

Ir a través del laberinto de las ovejas

Ajustan las formas del cuadro, a la imagen

Libros Infantiles

www.iCharacter.org

www.ingramcontent.com/pod-product-compliance
Lightning Source LLC
Chambersburg PA
CBHW081432070526
44586CB00020B/2566